skole - school	2
reise - travel	5
transport - transport	8
by - city	10
landskap - landscape	14
restaurant - restaurant	17
matbutikk - supermarket	20
drikkevarer - drinks	22
mat - food	23
bondegård - farm	27
hus - house	31
stue - living room	33
kjøkken - kitchen	35
bad - bathroom	38
barnerom - child's room	42
klær - clothing	44
kontor - office	49
økonomi - economy	51
yrker - occupations	53
verktøy - tools	56
musikkinstrument - musical instruments	57
dyrehage - zoo	59
sport - sports	62
aktiviteter - activities	63
familie - family	67
kropp - body	68
sykehus - hospital	72
nødsituasjon - emergency	76
jorden - Earth	77
klokke - clock	79
uke - week	80
år - year	81
former - shapes	83
farger - colours	84
motsetninger - opposites	85
tall - numbers	88
språk - languages	90
hvem / hva / hvordan - who / what / how	91
hvor - where	92

AF188004

Impressum
Verlag: BABADADA GmbH, Nedderfeld 112 , 22529 Hamburg
Geschäftsführer / Verlagsleitung: Harald Hof
Druck: Books on Demand GmbH, In de Tarpen 42, 22848 Norderstedt

Imprint
Publisher: BABADADA GmbH, Nedderfeld 112 , 22529 Hamburg, Germany
Managing Director / Publishing direction: Harald Hof
Print: Books on Demand GmbH, In de Tarpen 42, 22848 Norderstedt

skole

school

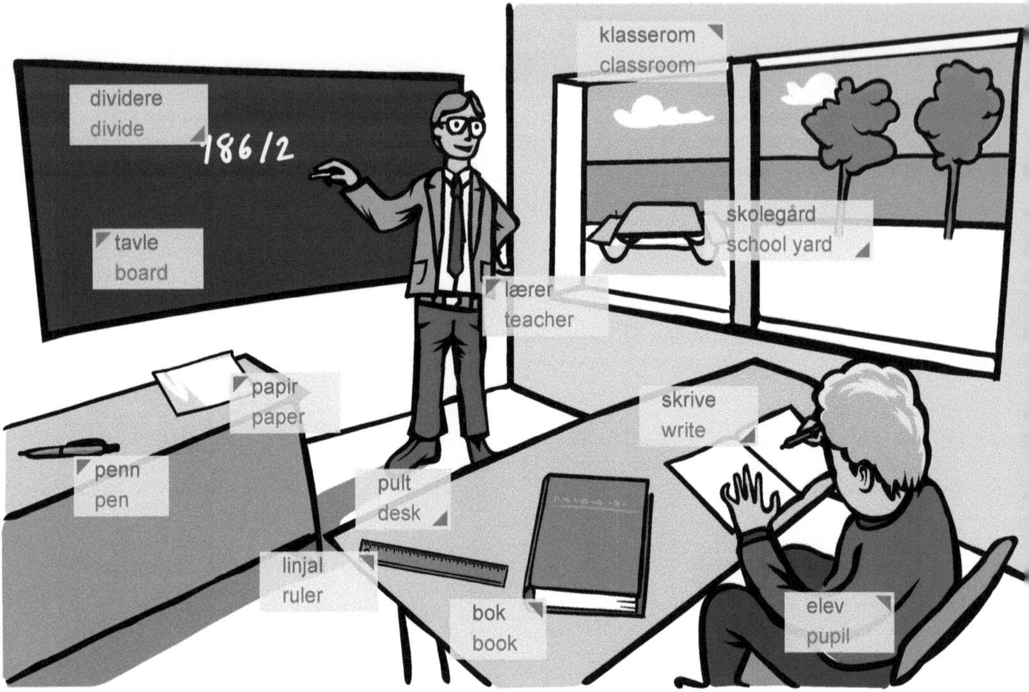

klasserom
classroom
dividere
divide
186/2
tavle
board
skolegård
school yard
lærer
teacher
papir
paper
skrive
write
penn
pen
pult
desk
linjal
ruler
bok
book
elev
pupil

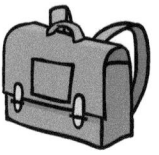

ransel

satchel

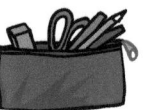

penal

pencil case

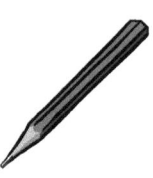

blyant

pencil

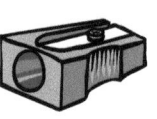

blyantspisser

pencil sharpener

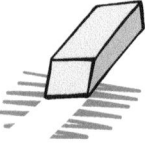

viskelær

rubber

tegneblokk

drawing pad

tegning

drawing

pensel

paintbrush

malerskrin

paint box

saks

scissors

lim

glue

arbeidsbok

exercise book

lekse

homework

tall

number

addere

add

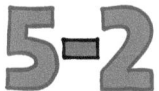

subtrahere

subtract

multiplisere

multiply

regne

calculate

bokstav

letter

ABCDEFG
HIJKLMN
OPQRSTU
VWXYZ

alfabet

alphabet

ord

word

tekst

text

lese

read

kritt

chalk

skoletime

lesson

klassebok

register

eksamen

exam

vitnemål

certificate

skoleuniform

school uniform

utdannelse

education

leksikon

encyclopedia

universitet

university

mikroskop

microscope

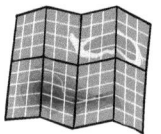

kart

map

papirkurv

waste-paper basket

reise
travel

hotell
hotel
Grand
pensjonat
hostel
ROOMS
vekslingskontor
bureau de change
EXCHANGE
koffert
suitcase
bil
car

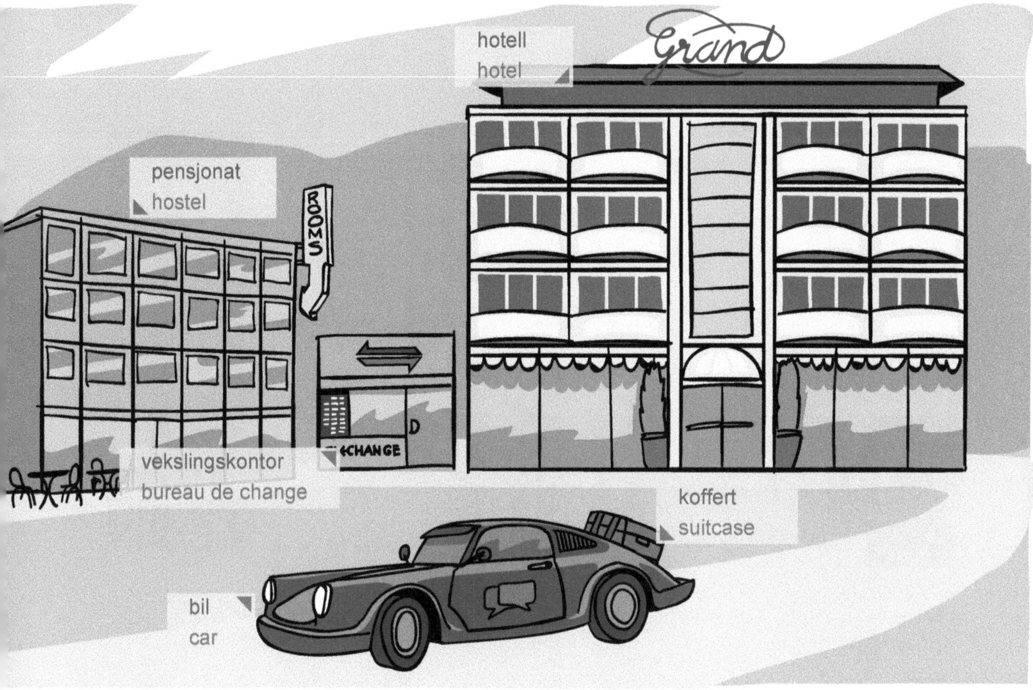

språk

language

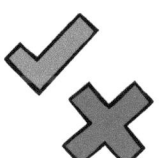

ja / nei

yes / no

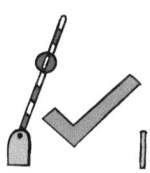

okay

Okay

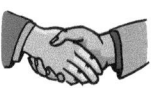

Hei

hello

tolk

translator

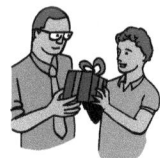

takk skal du ha

Thank you

Hva koster...?

how much is...?

Jeg forstår ikke

I do not understand

problem

problem

God kveld!

Good evening!

God morgen!

Good morning!

God natt!

Good night!

ha det bra

bye bye

retning

direction

bagasje

luggage

veske

bag

ryggsekk

backpack

gjest

guest

rom

room

sovepose

sleeping bag

telt

tent

turistinformasjon

tourist information

strand

beach

kredittkort

credit card

frokost

breakfast

lunsj

lunch

middag

dinner

billett

ticket

heis

lift

stempel

stamp

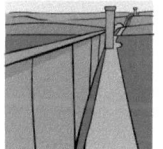

grense

border

toll

customs

ambassade

embassy

visum

visa

pass

passport

transport
transport

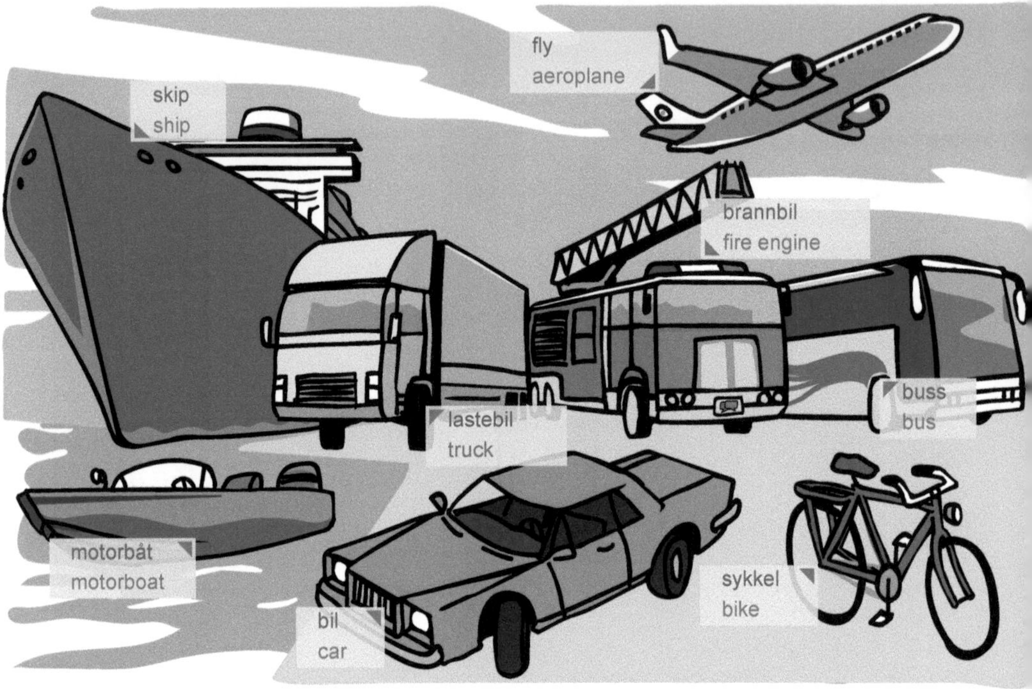
fly
aeroplane
skip
ship
brannbil
fire engine
buss
bus
lastebil
truck
motorbåt
motorboat
sykkel
bike
bil
car

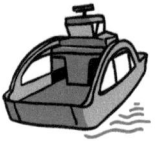

ferge
ferry

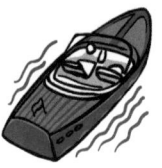

båt
boat

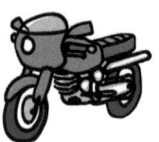

motorsykkel
motorbike

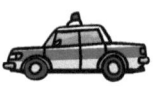

politibil
police car

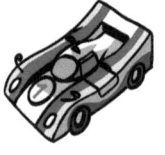

racerbil
racing car

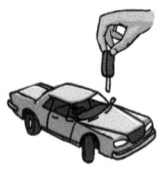

leiebil
rental car

bilkollektiv

car sharing

bergingsbil

breakdown truck

søppelbil

refuse truck

motor

motor

brennstoff

fuel

bensinstasjon

petrol station

trafikkskilt

traffic sign

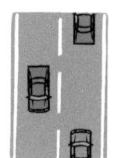

trafikk

traffic

trafikkork

traffic jam

parkeringsplass

car park

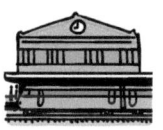

togstasjon

train station

skinne

tracks

tog

train

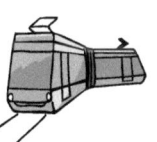

trikk

tram

vogn

carriage

helikopter
helicopter

flyplass
airport

tårn
tower

passasjer
passenger

konteiner
container

kartong
carton

tralle
cart

kurv
basket

starte / lande
take off / land

by
city

landsby
village

sentrum
city centre

hus
house

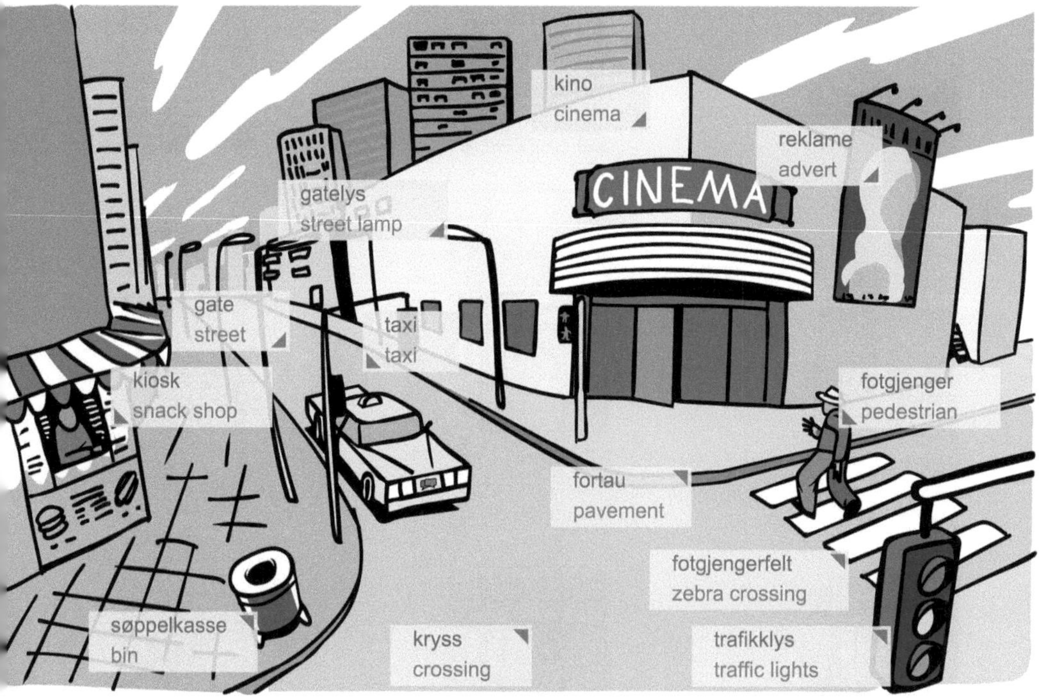

kino
cinema

reklame
advert

gatelys
street lamp

CINEMA

gate
street

taxi
taxi

kiosk
snack shop

fotgjenger
pedestrian

fortau
pavement

fotgjengerfelt
zebra crossing

søppelkasse
bin

kryss
crossing

trafikklys
traffic lights

hytte
hut

leilighet
flat

togstasjon
train station

rådhus
town hall

museum
museum

skole
school

universitet

university

bank

bank

sykehus

hospital

hotell

hotel

apotek

pharmacy

kontor

office

bokhandel

book shop

butikk

shop

blomsterbutikk

florist's

matbutikk

supermarket

marked

market

varehus

department store

fiskehandler

fishmonger's

kjøpesenter

shopping centre

havn

harbour

park
park

benk
bench

bro
bridge

trapp
stairs

t-bane
underground

tunnel
tunnel

busstopp
bus stop

bar
bar

restaurant
restaurant

postkasse
postbox

gateskilt
street sign

parkometer
parking meter

dyrehage
zoo

svømmebasseng
swimming pool

moské
mosque

bondegård
farm

miljøforurensing
pollution

kirkegård
graveyard

kirke
church

lekeplass
playground

tempel
temple

landskap
landscape

blad
leaf

veiviser
signpost

vei
way

eng
meadow

stein
stone

turgåer
hiker

tre
tree

elv
river

gress
grass

blomst
flower

dal

valley

fjell

hill

innsjø

lake

skog

forest

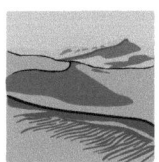

ørken

desert

vulkan

volcano

slott

castle

regnbue

rainbow

sopp

mushroom

palmetre

palm tree

mygg

mosquito

flue

fly

maur

ant

bie

bee

edderkopp

spider

bille

beetle

frosk

frog

ekorn

squirrel

piggsvin

hedgehog

hare

hare

ugle

owl

fugl

bird

svane

swan

villsvin

boar

hjort

deer

elg

moose

demning

dam

vindturbin

wind turbine

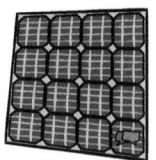

solcellepanel

solar panel

klima

climate

restaurant
restaurant

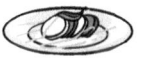

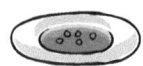

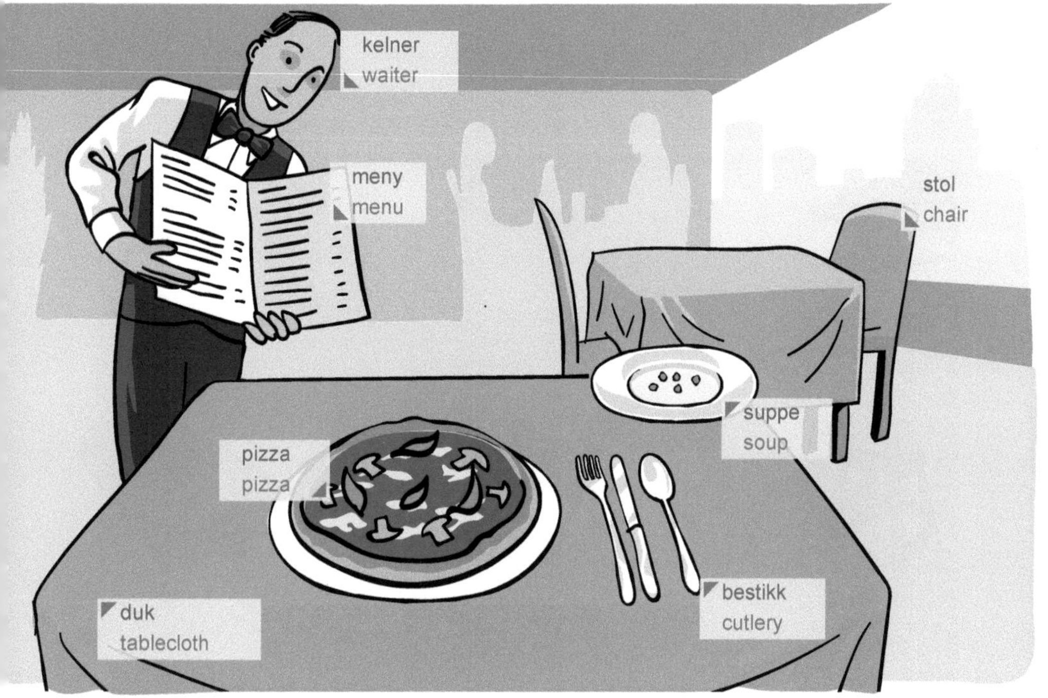
kelner
waiter
meny
menu
stol
chair
suppe
soup
pizza
pizza
bestikk
cutlery
duk
tablecloth

forrett
starter

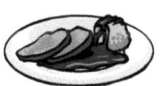

hovedrett
main course

dessert
dessert

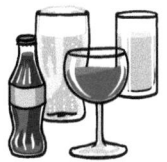

drikkevarer
drinks

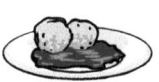

mat
food

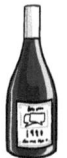

flaske
bottle

hurtigmat

fast food

gatemat

street food

tekanne

teapot

sukkerskål

sugar bowl

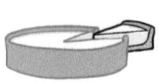

porsjon

portion

espressomaskin

espresso machine

barnestol

high chair

regning

bill

brett

tray

kniv

knife

gaffel

fork

skje

spoon

teskje

teaspoon

serviett

serviette

glass

glass

tallerken

plate

suppetallerken

soup plate

skål

saucer

saus

sauce

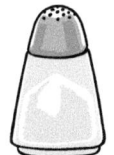

saltbøsse

salt pot

pepperkvern

pepper mill

eddik

vinegar

olje

oil

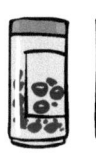

krydder

spices

ketchup

ketchup

sennep

mustard

majones

mayonnaise

matbutikk
supermarket

tilbud
special offer
FOR
kunde
customer
meieriprodukt
dairy
frukt
fruit
handlevogn
trolley

BUTCHERS

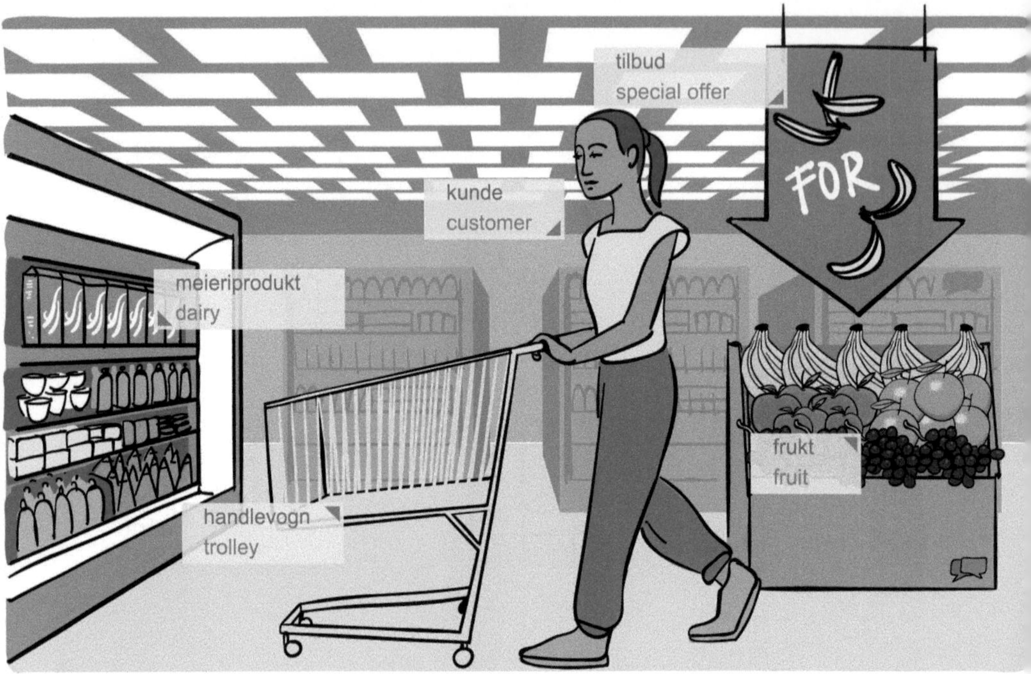

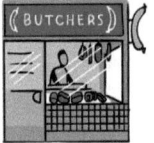

slakter

butcher´s

BAKERY

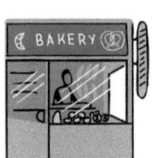

bakeri

baker´s

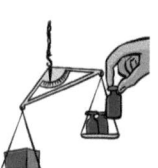

veie

weigh

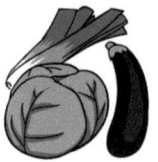

grønnsaker

vegetables

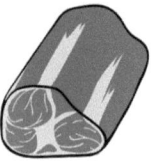

kjøtt

meat

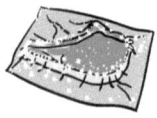

frysevarer

frozen food

oppskåret pålegg

cold meat

hermetikk

tinned food

vaskepulver

washing powder

godteri

sweets

husholdningsprodukter

household products

rengjøringsmidler

cleaning products

butikkmedarbeider

salesperson

kassaapparat

till

kasserer

cashier

handleliste

shopping list

åpningstider

opening hours

lommebok

wallet

kredittkort

credit card

veske

bag

plastpose

plastic bag

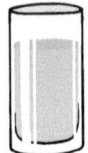

vann

water

juice

juice

melk

milk

cola

coke

vin

wine

øl

beer

alkohol

alcohol

kakao

cocoa

te

tea

kaffe

coffee

espresso

espresso

cappuccino

cappuccino

banan

banana

eple

apple

appelsin

orange

melon

melon

sitron

lemon

gulrot

carrot

hvitløk

garlic

bambus

bamboo

løk

onion

sopp

mushroom

nøtter

nuts

nudler

noodles

spagetti

spaghetti

ris

rice

salat

salad

pommes frites

chips

stekte poteter

fried potatoes

pizza

pizza

hamburger

hamburger

sandwich

sandwich

biff

cutlet

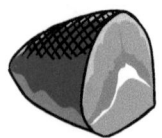

skinke

ham

salami

salami

pølse

sausage

kylling

chicken

stek

roast

fisk

fish

havregryn

porridge oats

müsli

muesli

cornflakes

cornflakes

mel

flour

croissant

croissant

rundstykke

bread roll

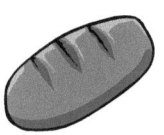

brød

bread

ristet brød

toast

kjeks

biscuits

smør

butter

kvarg

curd

kake

cake

egg

egg

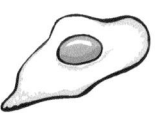

speilegg

fried egg

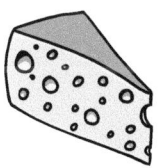

ost

cheese

iskrem

ice cream

sukker

sugar

honning

honey

syltetøy

jam

sjokoladepålegg

chocolate spread

karri

curry

bondegård
farm

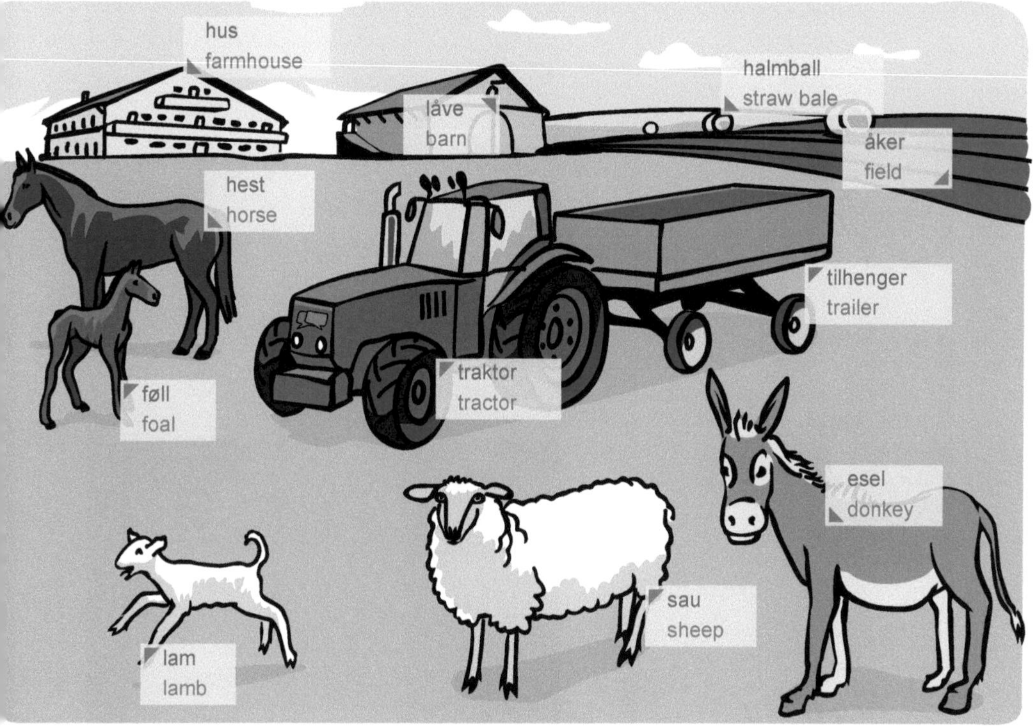

hus
farmhouse
låve
barn
halmball
straw bale
åker
field
hest
horse
tilhenger
trailer
traktor
tractor
føll
foal
esel
donkey
sau
sheep
lam
lamb

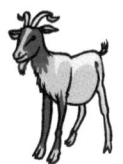

geit
goat

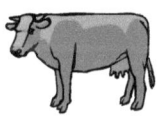

ku
cow

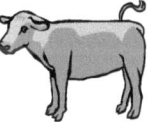

kalv
calf

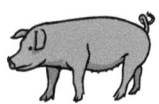

gris
pig

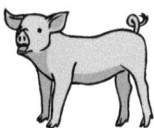

grisunge
piglet

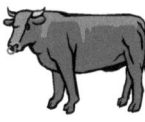

okse
bull

gås

goose

and

duck

kylling

chick

høne

hen

hane

cock

rotte

rat

katt

cat

mus

mouse

okse

ox

hund

dog

hundehus

doghouse

hageslange

garden hose

vannkanne

watering can

ljå

scythe

plog

plough

sigd

sickle

hakke

hoe

høygaffel

pitchfork

øks

axe

trillebår

wheelbarrow

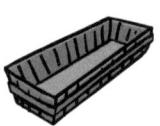

trau

trough

melkekanne

milk can

sekk

sack

gjerde

fence

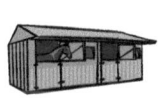

fjøs

stable

drivhus

greenhouse

jord

soil

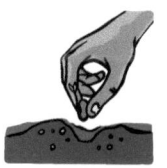

frø

seed

gjødsel

fertilizer

skurtresker

combine harvester

høste

harvest

innhøsting

harvest

yams

yams

hvete

wheat

soja

soy

potet

potato

mais

corn

raps

rapeseed

frukttre

fruit tree

kassava

cassava

korn

cereals

hus
house

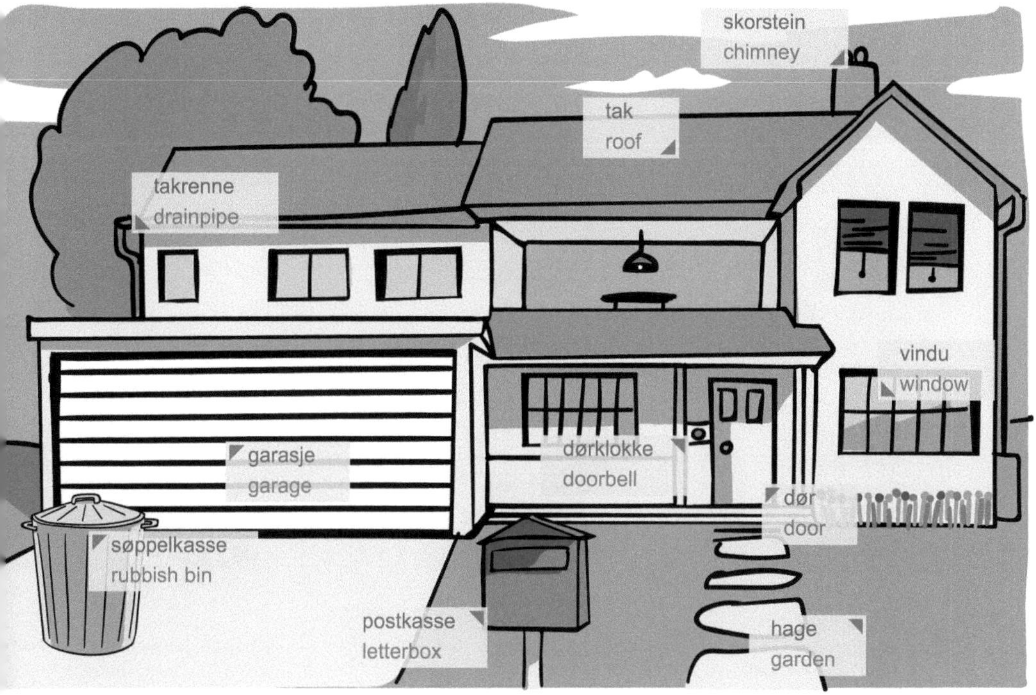

skorstein
chimney
tak
roof
takrenne
drainpipe
vindu
window
garasje
garage
dørklokke
doorbell
dør
door
søppelkasse
rubbish bin
postkasse
letterbox
hage
garden

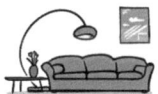

stue
living room

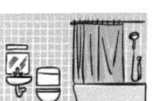

bad
bathroom

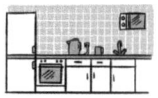

kjøkken
kitchen

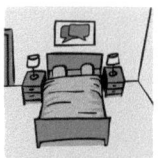

soverom
bedroom

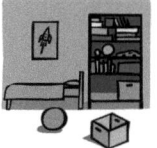

barnerom
child's room

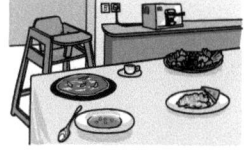

spisestue
dining room

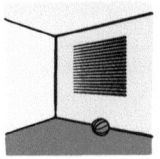

gulv

floor

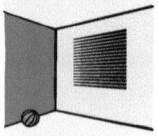

vegg

wall

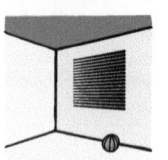

tak

ceiling

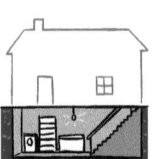

kjeller

cellar

badstue

sauna

balkong

balcony

terrasse

terrace

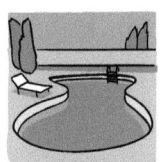

svømmebasseng

pool

gressklipper

lawn mower

laken

sheet

dyne

bedspread

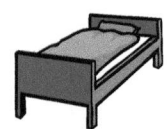

seng

bed

kost

broom

bøtte

bucket

bryter

switch

stue

living room

tapet
wallpaper
bilde
picture
lampe
lamp
hylle
shelf
skap
cupboard
tv
television
peis
fireplace
blomst
flower
pute
cushion
sofa
sofa
vase
vase
fjernkontroll
remote control

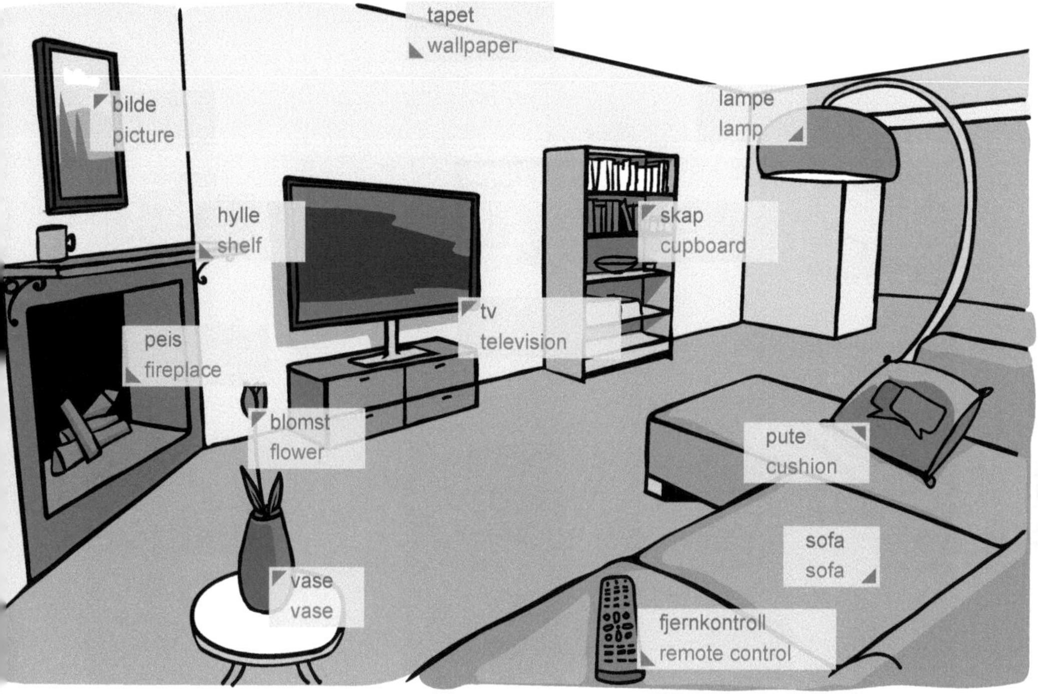

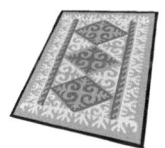

gulvteppe

carpet

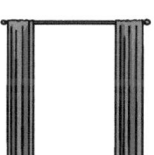

gardin

curtain

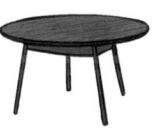

bord

table

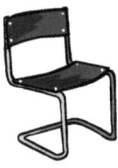

stol

chair

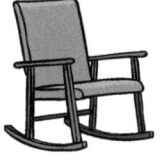

gyngestol

rocking chair

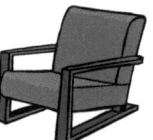

lenestol

armchair

bok
book

teppe
blanket

dekorasjon
decoration

ved
firewood

film
film

stereoanlegg
hi-fi equipment

nøkkel
key

avis
newspaper

maleri
painting

plakat
poster

radio
radio

notatblokk
notepad

støvsuger
hoover

kaktus
cactus

lys
candle

kjøkken
kitchen

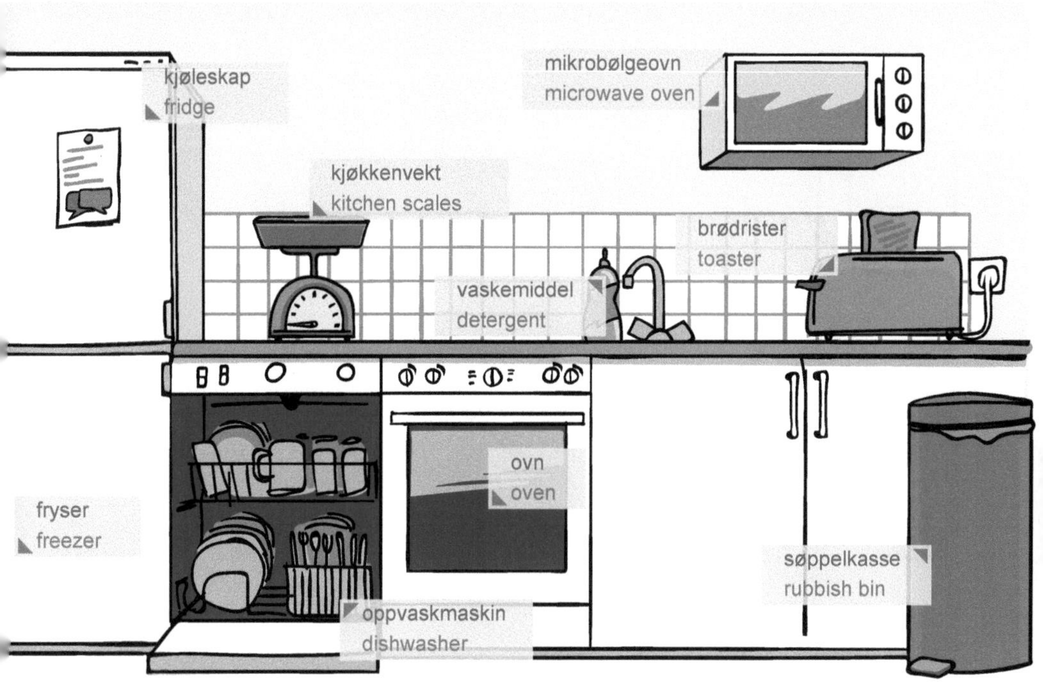
kjøleskap
fridge
mikrobølgeovn
microwave oven
kjøkkenvekt
kitchen scales
brødrister
toaster
vaskemiddel
detergent
ovn
oven
fryser
freezer
søppelkasse
rubbish bin
oppvaskmaskin
dishwasher

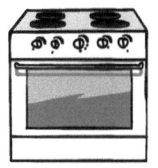

komfyr
....
cooker

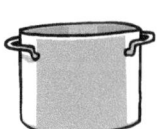

gryte
....
pot

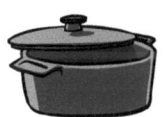

jerngryte
....
cast-iron pot

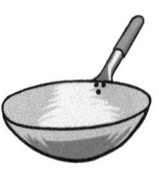

wokpanne
....
wok / kadai

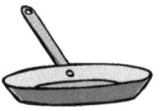

panne
....
pan

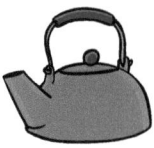

vannkoker
....
kettle

dampovn

steamer

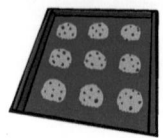

stekebrett

baking tray

servise

crockery

krus

mug

bolle

bowl

spisepinner

chopsticks

øse

ladle

stekespade

spatula

visp

whisk

sil

strainer

sil

sieve

rivjern

grater

mørtel

mortar

grill

barbecue

bål

open fire

skjærefjøl

chopping board

kjevle

rolling pin

korketrekker

corkscrew

boks

can

boksåpner

can opener

gryteklut

pot holder

vask

sink

børste

brush

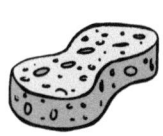

svamp

sponge

blender

blender

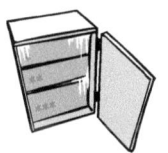

fryseboks

deep freezer

tåteflaske

baby bottle

kran

tap

bad

bathroom

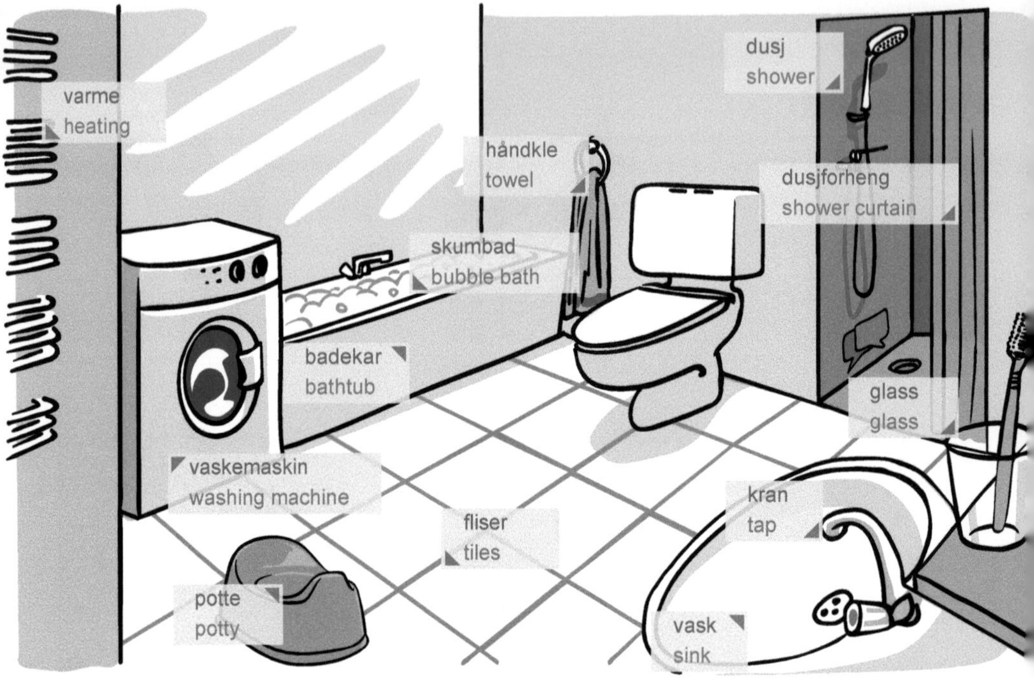

varme
heating
håndkle
towel
dusj
shower
dusjforheng
shower curtain
skumbad
bubble bath
badekar
bathtub
glass
glass
vaskemaskin
washing machine
kran
tap
fliser
tiles
potte
potty
vask
sink

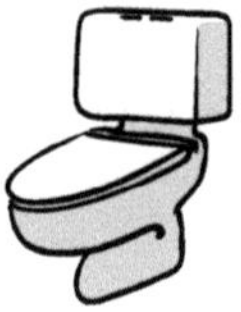

toalett

toilet

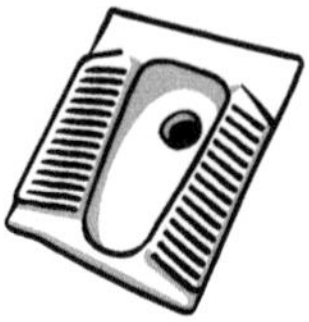

ståtoalett

squat toilet

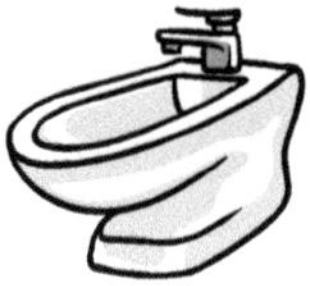

bidet

bidet

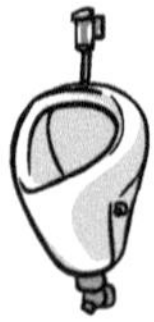

pissoar

urinal

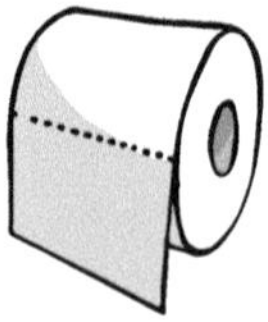

toalettpapir

toilet paper

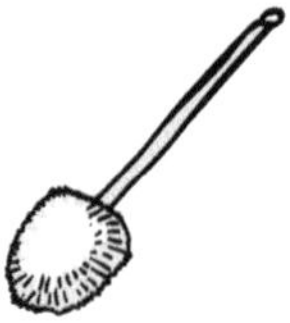

toalettbørste

toilet brush

tannbørste
toothbrush

tannkrem
toothpaste

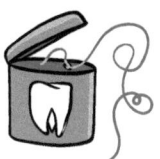

tanntråd
dental floss

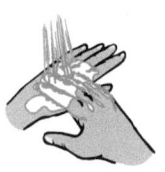

vaske
wash

hånddusj
handheld shower

intimdusj
douche

oppvaskbalje
basin

ryggbørste
back brush

såpe
soap

dusjsåpe
shower gel

sjampo
shampoo

vaskeklut
flannel

avløp
drain

krem
cream

deodorant
deodorant

speil

mirror

håndspeil

hand mirror

barberhøvel

razor

barberskum

shaving foam

barberingsvann

aftershave

kam

comb

børste

brush

hårføner

hair dryer

hårspray

hairspray

sminke

makeup

lebestift

lipstick

neglelakk

nail varnish

bomullsdott

cotton wool

neglesaks

nail scissors

parfyme

perfume

toalettmappe

washbag

krakk

stool

vekt

weighing scale

badekåpe

bathrobe

gummihansker

rubber gloves

tampong

tampon

sanitetsbind

sanitary towel

kjemisk toalett

chemical toilet

barnerom

child's room

vekkerklokke
alarm clock
kosedyr
cuddly toy
lekebil
toy car
rangle
rattle
dukkehus
doll's house
gave
present

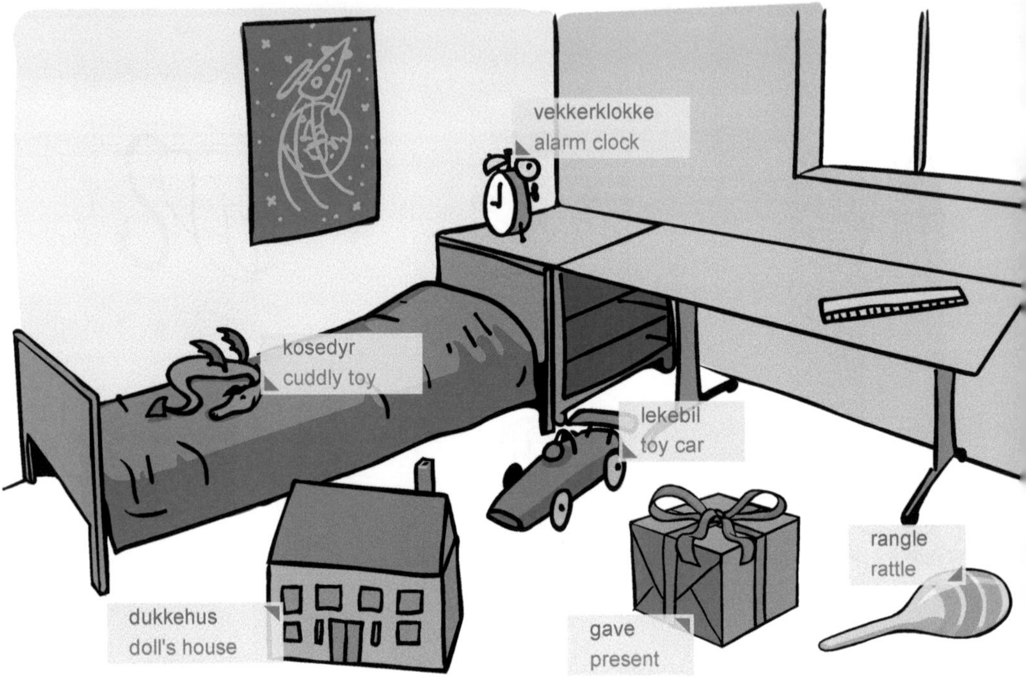

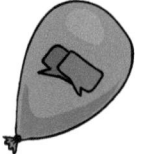

ballong

balloon

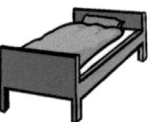

seng

bed

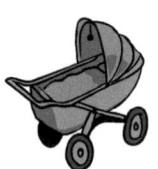

barnevogn

pram

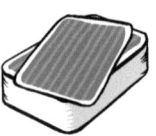

kortstokk

deck of cards

puslespill

jigsaw

SUPER MEGA

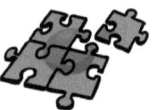

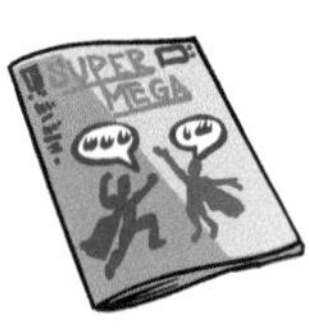

tegneserie

comic

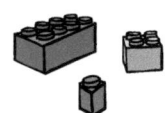

lego klosser

lego bricks

byggeklosser

building blocks

actionfigur

action figure

sparkebukse

babygrow

frisbee

frisbee

uro

mobile

brettspill

board game

terning

dice

togbane

model train set

smokk

dummy

fest

party

bildebok

picture book

ball

ball

dukke

doll

leke

play

sandkasse

sandpit

gynge

swing

leketøy

toys

spillekonsoll

video game console

trehjulssykkel

tricycle

bamse

teddy bear

garderobeskap

wardrobe

klær
clothing

sokker

socks

strømper

stockings

strømpebukse

tights

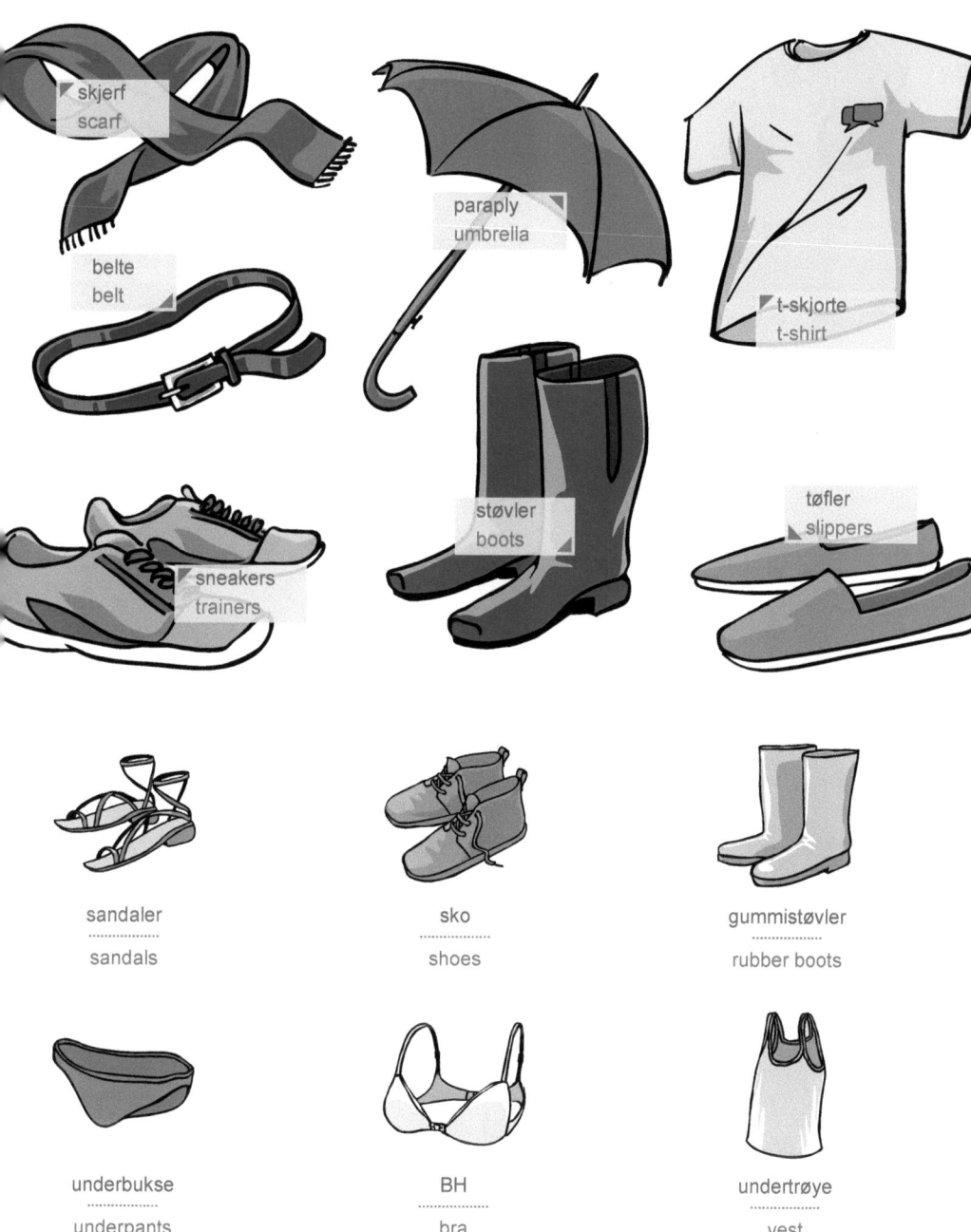

skjerf
scarf

paraply
umbrella

t-skjorte
t-shirt

belte
belt

støvler
boots

tøfler
slippers

sneakers
trainers

sandaler
sandals

sko
shoes

gummistøvler
rubber boots

underbukse
underpants

BH
bra

undertrøye
vest

klær - clothing

body
body

bukse
trousers

dongeribukse
jeans

skjørt
skirt

bluse
blouse

skjorte
shirt

genser
pullover

hettegenser
hoodie

dressjakke
blazer

jakke
jacket

kåpe
coat

regnjakke
raincoat

drakt
costume

kjole
dress

brudekjole
wedding dress

dress
suit

nattkjole
nightgown

pyjamas
pyjamas

sari
sari

skaut
headscarf

turban
turban

burka
burqa

kaftan
kaftan

abaya
abaya

badedrakt
swimsuit

badebukse
trunks

shorts
shorts

treningsklær
tracksuit

forkle
apron

handske
gloves

knapp

button

brille

glasses

armbånd

bracelet

kjede

necklace

ring

ring

øredobb

earring

lue

cap

kleshenger

coat hanger

hatt

hat

slips

tie

glidelås

zip

hjelm

helmet

bukseseler

braces

skoleuniform

school uniform

uniform

uniform

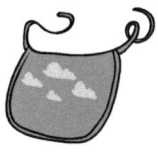

smekke

bib

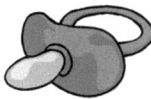

smokk

dummy

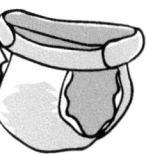

bleie

nappy

kontor
office

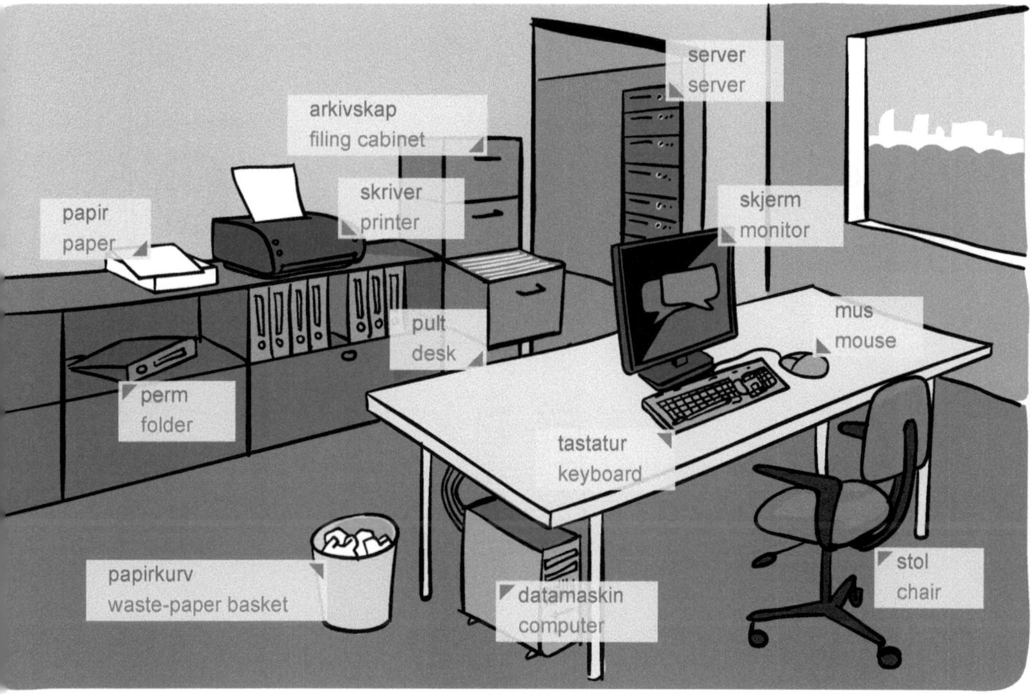
server
server
arkivskap
filing cabinet
papir
paper
skriver
printer
skjerm
monitor
mus
mouse
pult
desk
perm
folder
tastatur
keyboard
papirkurv
waste-paper basket
datamaskin
computer
stol
chair

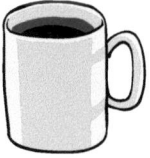

kaffekopp

coffee mug

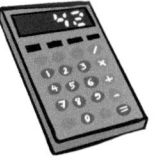

kalkulator

calculator

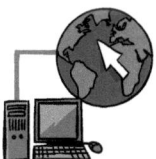

internett

internet

bærbar pc

laptop

brev

letter

beskjed

message

mobiltelefon

mobile

nettverk

network

kopimaskin

photocopier

programvare

software

telefon

telephone

stikkontakt

plug socket

faksmaskin

fax machine

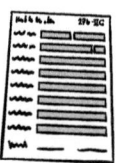

skjema

form

dokument

document

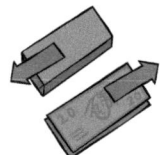

kjøpe

buy

betale

pay

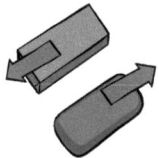

handle

trade

penger

money

dollar

dollar

euro

euro

yen

yen

rubel

rouble

sveitserfranc

Swiss franc

renminbi

renminbi yuan

rupi

rupee

minibank

cashpoint

vekslingskontor

bureau de change

gull

gold

sølv

silver

olje

oil

energi

energy

pris

price

kontrakt

contract

avgift

tax

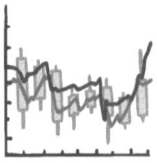

aksje

stock

jobbe

work

ansatt

employee

arbeitsgiver

employer

fabrikk

factory

butikk

shop

yrker
occupations

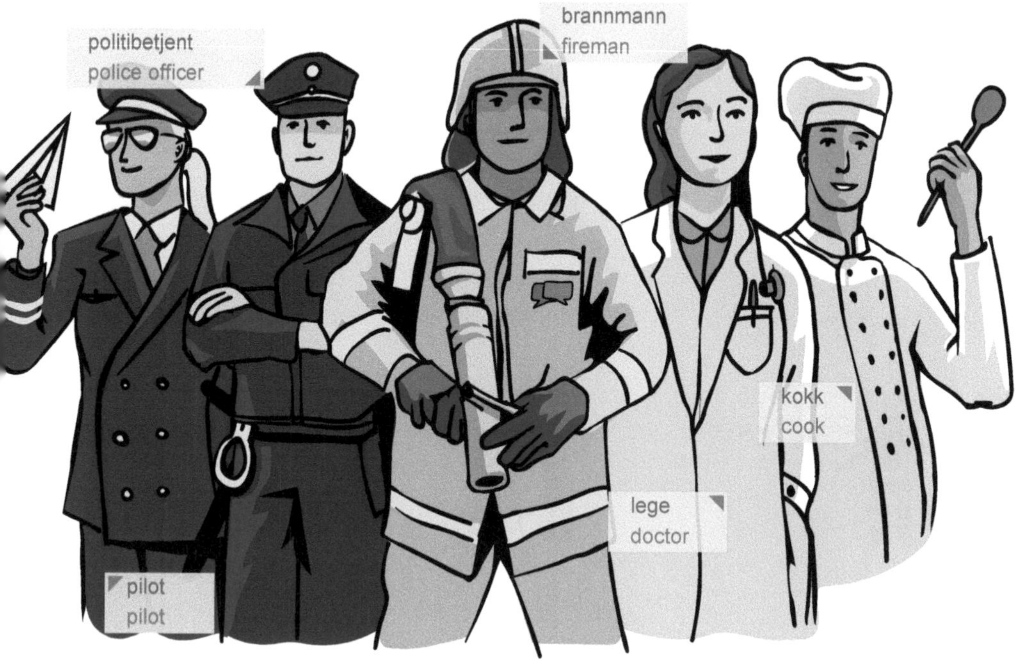

politibetjent
police officer
brannmann
fireman
kokk
cook
lege
doctor
pilot
pilot

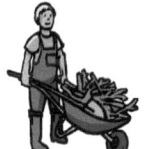

gartner

gardener

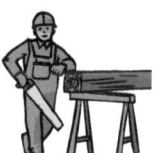

snekker

carpenter

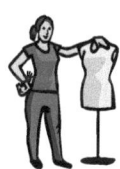

syerske

seamstress

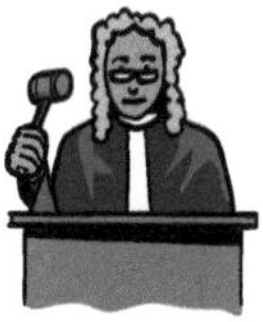

dommer

judge

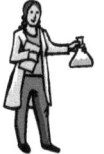

kjemiker

chemist

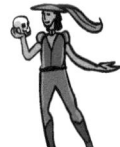

skuespiller

actor

bussjåfør

bus driver

taxisjåfør

taxi driver

fisker

fisherman

vaskedame

cleaning lady

taktekker

roofer

kelner

waiter

jeger

hunter

maler

painter

baker

baker

elektriker

electrician

bygningsarbeider

builder

ingeniør

engineer

slakter

butcher

rørlegger

plumber

postbud

postman

soldat

soldier

arkitekt

architect

kasserer

cashier

blomsterhandler

florist

frisør

hairdresser

konduktør

conductor

mekaniker

mechanic

kaptein

captain

tannlege

dentist

forsker

scientist

rabbi

rabbi

imam

imam

munk

monk

prest

clergyman

verktøy
tools

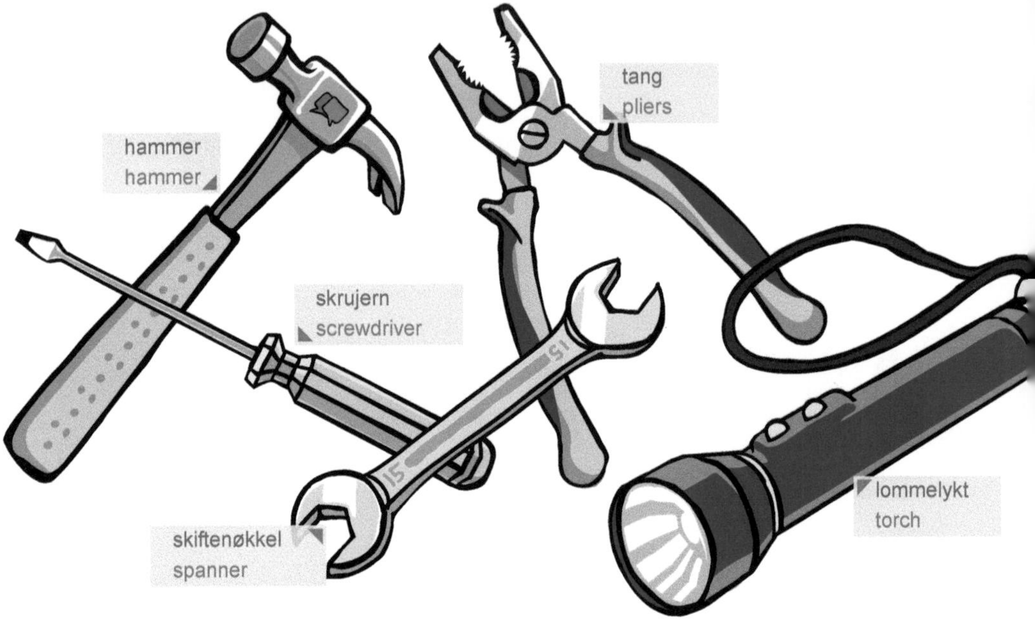
hammer
hammer
tang
pliers
skrujern
screwdriver
skiftenøkkel
spanner
lommelykt
torch

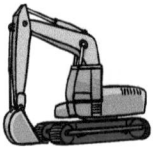

gravemaskin
digger

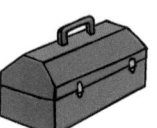

verktøykasse
toolbox

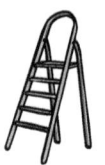

stige
ladder

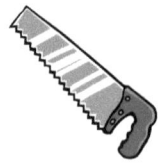

sag
saw

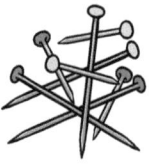

spiker
nails

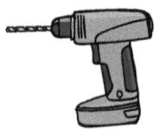

bor
drill

reparere
....
repair

spade
....
shovel

Søren!
....
Damn!

feiebrett
....
dustpan

malingsspann
....
paint pot

skruer
....
screws

musikkinstrument
musical instruments

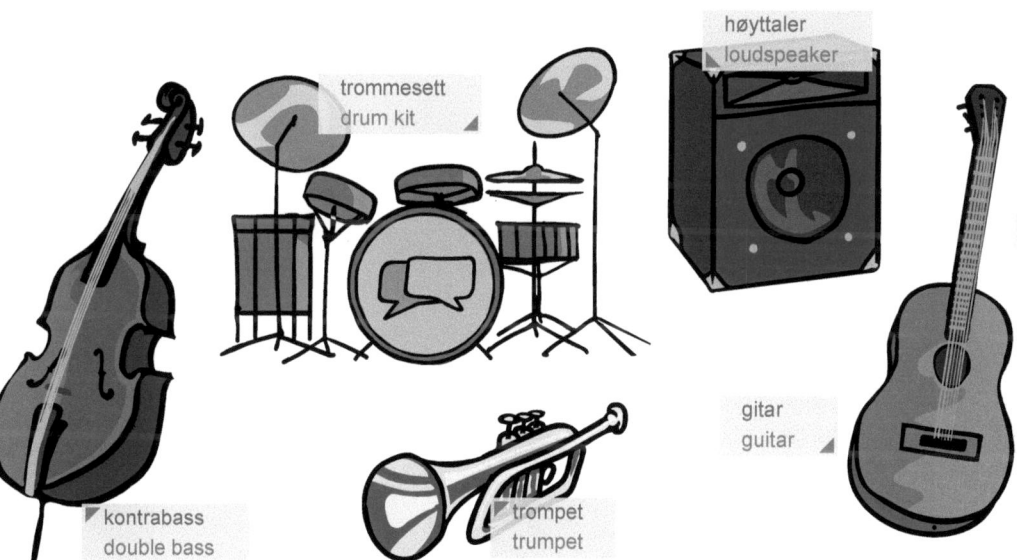

trommesett
drum kit

høyttaler
loudspeaker

gitar
guitar

kontrabass
double bass

trompet
trumpet

piano
piano

fiolin
violin

bass
bass

pauke
timpani

trommer
drums

keyboard
keyboard

saksofon
saxophone

fløyte
flute

mikrofon
microphone

dyrehage

zoo

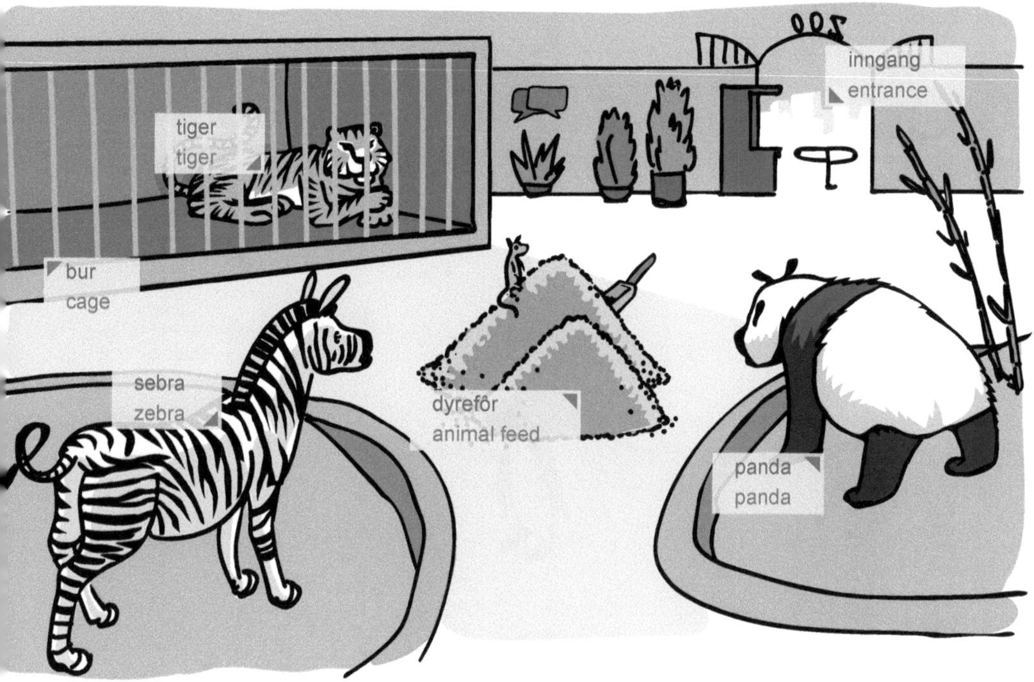
inngang
entrance
tiger
tiger
bur
cage
sebra
zebra
dyrefôr
animal feed
panda
panda

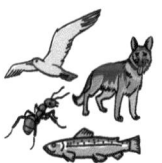

dyr

animals

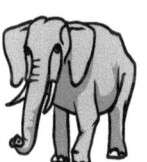

elefant

elephant

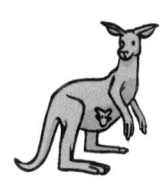

kenguru

kangaroo

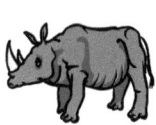

neshorn

rhino

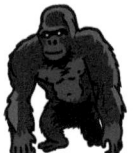

gorilla

gorilla

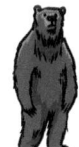

bjørn

bear

kamel

camel

struts

ostrich

løve

lion

ape

monkey

flamingo

flamingo

papegøye

parrot

isbjørn

polar bear

pingvin

penguin

hai

shark

påfugl

peacock

slange

snake

krokodille

crocodile

dyrepasser

zookeeper

sel

seal

jaguar

jaguar

ponni

pony

leopard

leopard

flodhest

hippo

giraff

giraffe

ørn

eagle

villsvin

boar

fisk

fish

skilpadde

turtle

hvalross

walrus

rev

fox

gaselle

gazelle

amerikansk fotball
American football

sykling
cycling

tennis
tennis

basketball
basketball

svømming
swimming

boksing
boxing

ishockey
ice hockey

fotball
football

badminton
badminton

friidrett
athletics

håndball
handball

stå på ski
skiing

polo
polo

aktiviteter
activities

hoppe
jump
klemme
hug
le
laugh
gå
walk
synge
sing
drømme
dream
be
pray
kysse
kiss

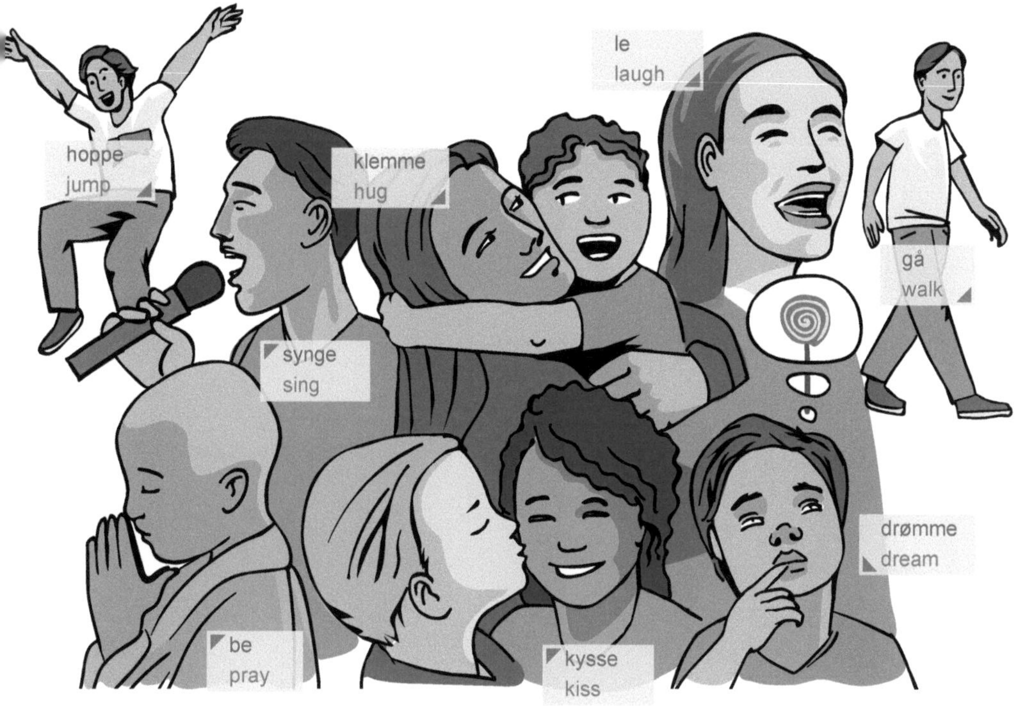

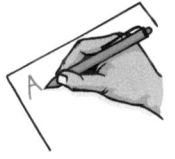

skrive

write

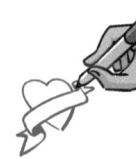

tegne

draw

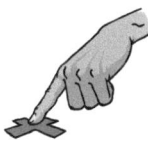

vise

show

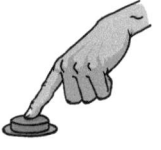

trykke

push

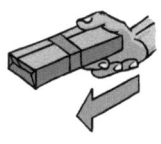

gi

give

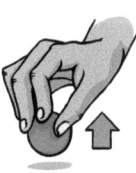

ta

take

ha

have

gjøre

do

være

be

stå

stand

løpe

run

dra

pull

kaste

throw

falle

fall

ligge

lie

vente

wait

bære

carry

sitte

sit

kle på

get dressed

sove

sleep

våkne

wake up

se på

look at

gråte

cry

stryke

stroke

gre

comb

snakke

talk

forstå

understand

spørre

ask

høre

listen

drikke

drink

spise

eat

rydde

tidy up

elske

love

lage mat

cook

kjøre

drive

fly

fly

seile

sail

regne

calculate

lese

read

lære

learn

jobbe

work

gifte seg

marry

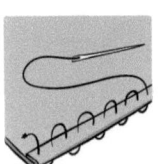

sy

sew

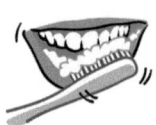

pusse tenner

brush teeth

drepe

kill

røyke

smoke

sende

send

familie
family

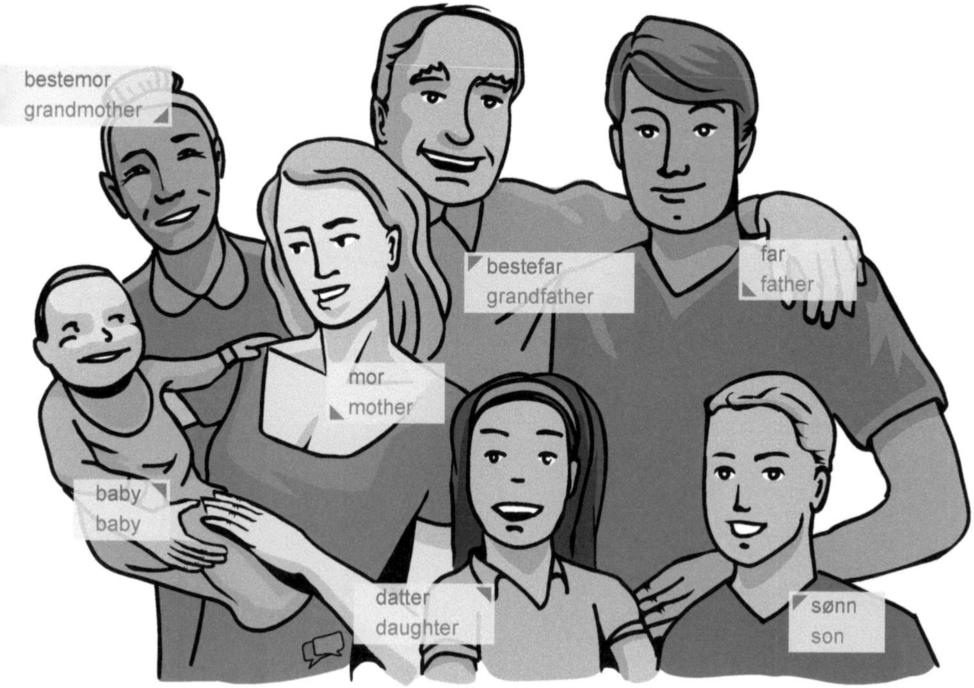
bestemor
grandmother
bestefar
grandfather
far
father
mor
mother
baby
baby
datter
daughter
sønn
son

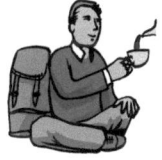

gjest

guest

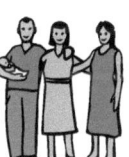

tante

aunt

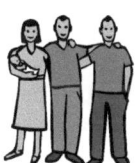

onkel

uncle

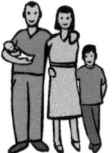

bror

brother

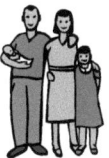

søster

sister

kropp
body

panne
forehead
øye
eye
skulder
shoulder
finger
finger
fjes
face
hake
chin
hånd
hand
ben
leg
bryst
breast
arm
arm

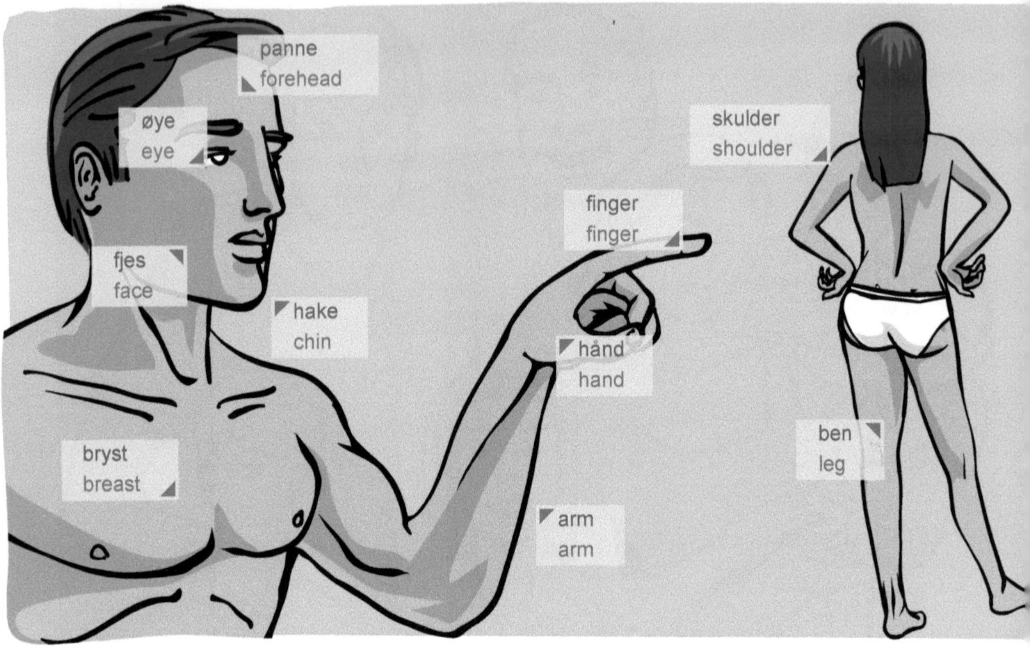

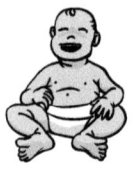

baby
baby

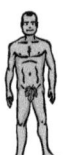

mann
man

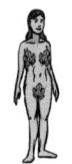

kvinne
woman

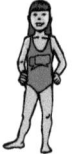

jente
girl

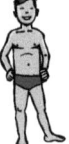

gutt
boy

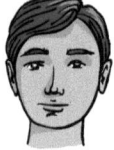

hode
head

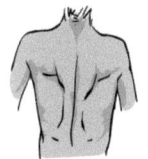

rygg

back

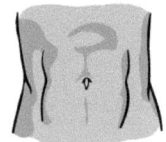

mage

belly

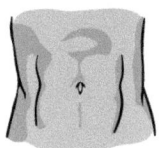

navle

belly button

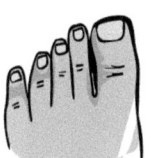

tå

toe

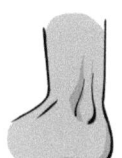

hæl

heel

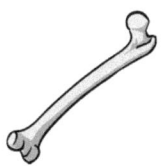

bein

bone

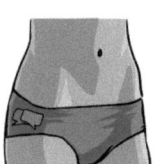

hofte

hip

kne

knee

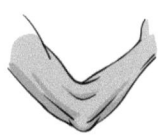

albue

elbow

nese

nose

rumpe

bottom

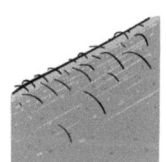

hud

skin

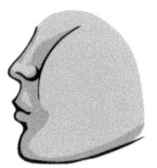

kinn

cheek

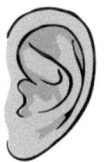

øre

ear

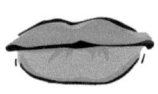

leppe

lip

kropp - body   69

munn

mouth

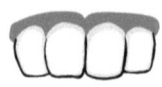

tann

tooth

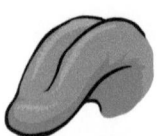

tunge

tongue

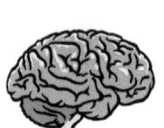

hjerne

brain

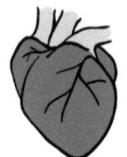

hjerte

heart

muskel

muscle

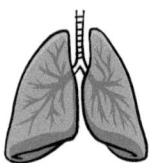

lunge

lung

lever

liver

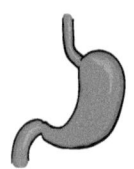

magesekk

stomach

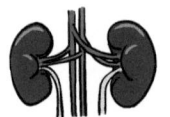

nyrer

kidneys

samleie

sex

kondom

condom

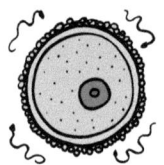

eggcelle

ovum

sæd

semen

graviditet

pregnancy

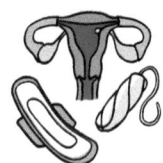

menstruasjon

menstruation

vagina

vagina

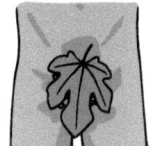

penis

penis

øyenbryn

eyebrow

hår

hair

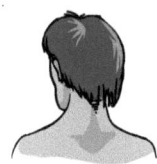

hals

neck

sykehus

hospital

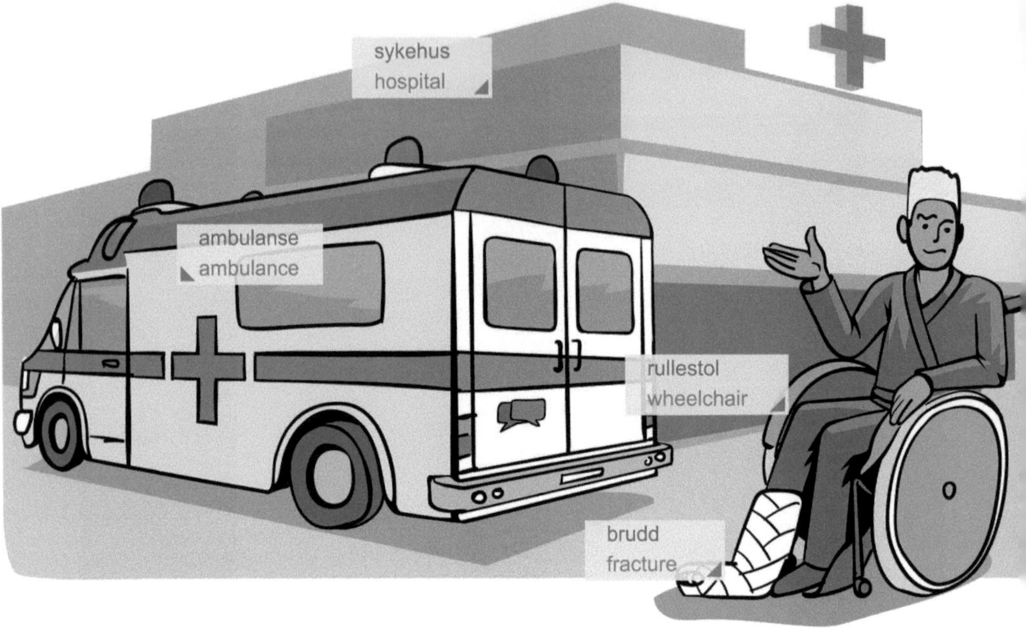

sykehus
hospital
ambulanse
ambulance
rullestol
wheelchair
brudd
fracture

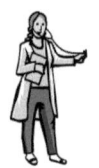

lege

doctor

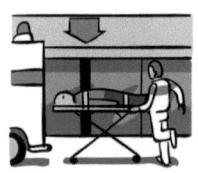

akuttmottak

emergency room

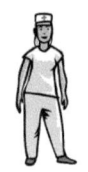

sykepleier

nurse

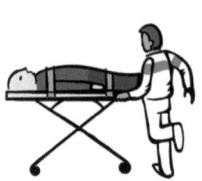

nødsituasjon

emergency

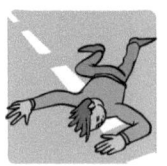

bevisstløs

unconscious

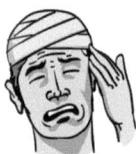

smerte

pain

skade

injury

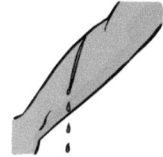

blødning

bleeding

hjerteinfarkt

heart attack

hjerneslag

stroke

allergi

allergy

hoste

cough

feber

fever

influensa

flu

diaré

diarrhoea

hodepine

headache

kreft

cancer

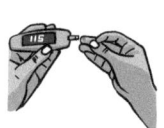

diabetes

diabetes

kirurg

surgeon

skalpell

scalpel

operasjon

operation

CT

CT

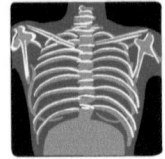

røntgen

x-ray

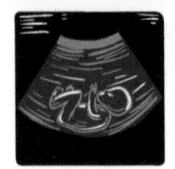

ultralyd

ultrasound

ansiktsmaske

face mask

sykdom

disease

venterom

waiting room

krykke

crutch

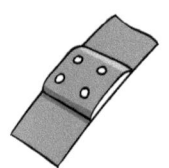

plaster

plaster

bandasje

bandage

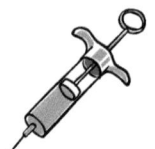

injeksjon

injection

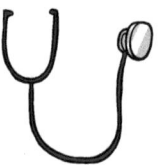

stetoskop

stethoscope

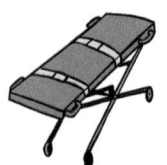

båre

stretcher

klinisk termometer

clinical thermometer

fødsel

birth

overvekt

overweight

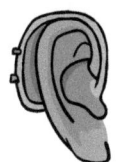

høreapparat

hearing aid

desinfeksjonsmiddel

disinfectant

infeksjon

infection

virus

virus

HIV/AIDS

HIV / AIDS

medisin

medicine

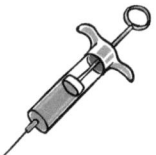

vaksinasjon

vaccination

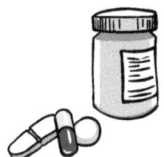

tabletter

tablets

pille

pill

nødanrop

emergency call

blodtrykksmåler

blood pressure monitor

syk / frisk

ill / healthy

Hjelp!
Help!

alarm
alarm

overfall
assault

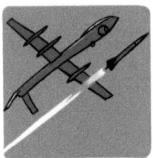

angrep
attack

fare
danger

nødutgang
emergency exit

Brann!
Fire!

brannslukker
fire extinguisher

ulykke
accident

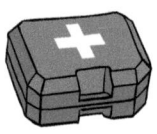

førstehjelpsskrin
first-aid kit

SOS
SOS

politi
police

Europa

Europe

Nord-Amerika

North America

Sør-Amerika

South America

Afrika

Africa

Asia

Asia

Australia

Australia

Atlanterhavet

Atlantic

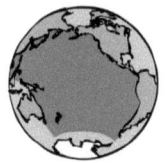

Stillehavet

Pacific

Det indiske hav

Indian Ocean

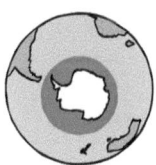

Sørishavet

Antarctic Ocean

Nordishavet

Arctic Ocean

Nordpolen

North Pole

Sydpolen

South Pole

Antarktis

Antarctica

jorden

Earth

land

land

sjø

sea

øy

island

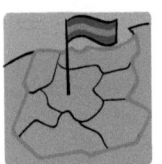

nasjon

nation

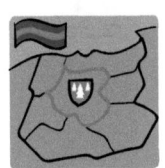

stat

state

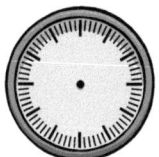

urskive

clock face

timeviser

hour hand

minuttviser

minute hand

sekundviser

second hand

Hva er klokken?

What time is it?

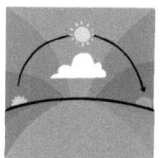

dag

day

tid

time

nå

now

digitalklokke

digital watch

minutt

minute

time

hour

uke

week

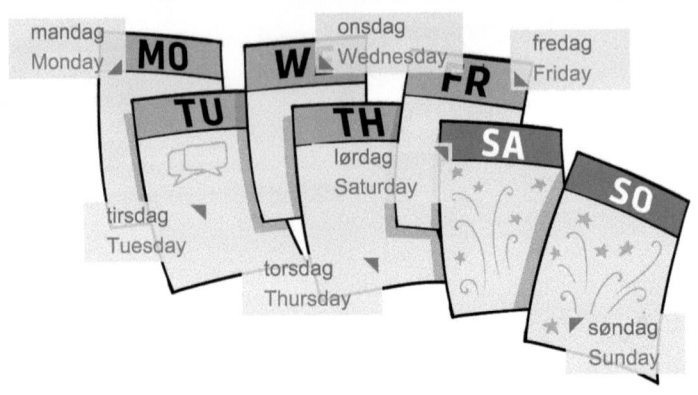

i går

yesterday

i dag

today

i morgen

tomorrow

morgen

morning

middag

noon

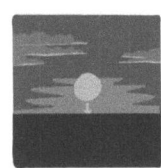

kveld

evening

arbeidsdag

business days

helg

weekend

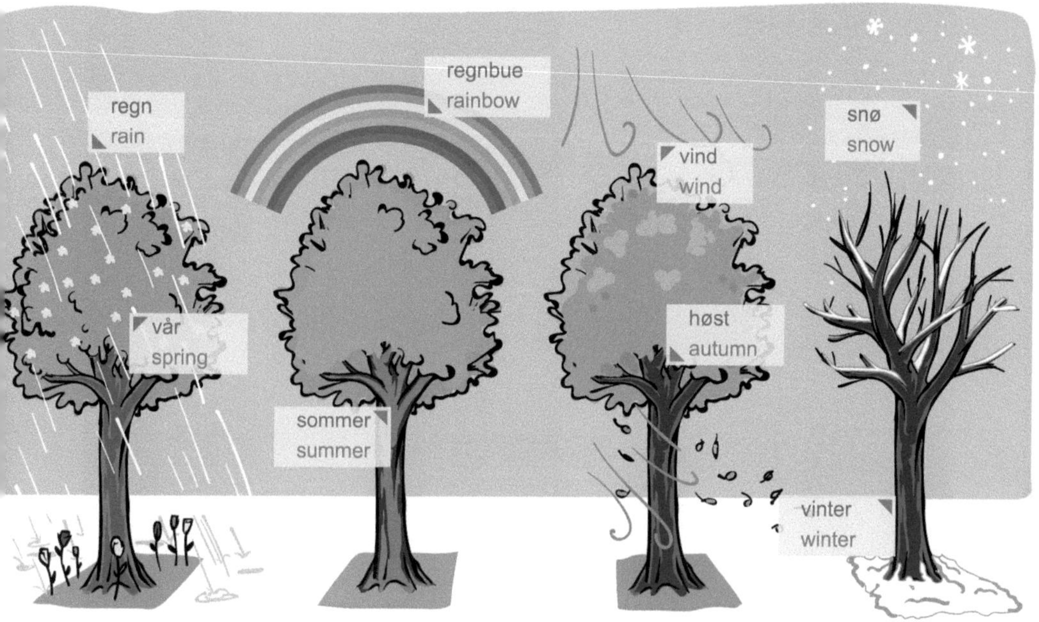

regn
rain
regnbue
rainbow
vind
wind
snø
snow
vår
spring
høst
autumn
sommer
summer
vinter
winter

4.APRIL 11°
5.APRIL 4°
6.APRIL 13°
7.APRIL 8°
8.APRIL 10°

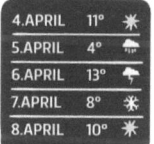

værmelding

weather forecast

F C
120 40
90 30
60 20
30 10
0 0
-30 -10
-20

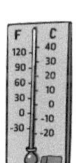

termometer

thermometer

solskinn

sunshine

sky

cloud

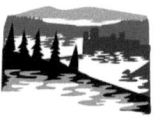

tåke

fog

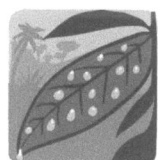

luftfuktighet

humidity

lyn

lightning

torden

thunder

storm

storm

hagl

hail

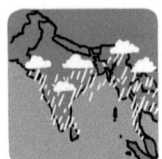

monsun

monsoon

oversvømmelse

flood

is

ice

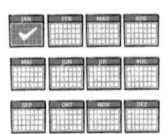

januar

January

februar

February

mars

March

april

April

mai

May

juni

June

juli

July

august

August

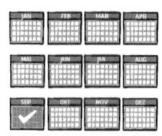

september
September

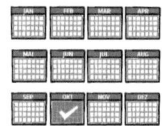

oktober
October

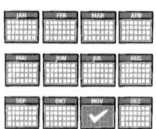

november
November

desember
December

former

shapes

sirkel
circle

kvadrat
square

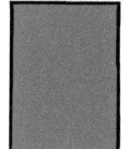

rektangel
rectangle

triangel
triangle

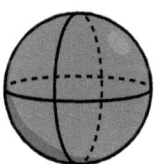

kule
sphere

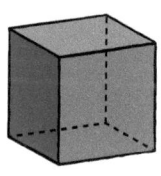

kube
cube

farger
colours

hvit

white

gul

yellow

oransj

orange

rosa

pink

rød

red

lilla

purple

blå

blue

grønn

green

brun

brown

grå

grey

svart

black

mye / lite

a lot / a little

sint / rolig

angry / calm

pen / stygg

beautiful / ugly

start / slutt

beginning / end

stor / liten

big / small

lys / mørk

bright / dark

bror / søster

brother / sister

ren / skitten

clean / dirty

fullstendig / ufullstendig

complete / incomplete

dag / natt

day / night

død / levende

dead / alive

bred / smal

wide / narrow

spiselig / uspiselig

edible / inedible

ond / snill

evil / kind

begeistret / lei

excited / bored

tykk / tynn

fat / thin

først / sist

first / last

venn / fiende

friend / enemy

full / tom

full / empty

hard / myk

hard / soft

tung / lett

heavy / light

sulten / tørst

hunger / thirst

syk / frisk

ill / healthy

ulovlig / lovlig

illegal / legal

intelligent / dum

intelligent / stupid

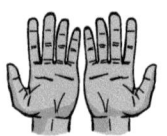

venstre / høyre

left / right

nære / langt unna

near / far

ny / brukt

new / used

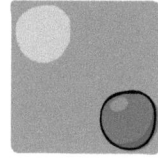

ingenting / noe

nothing / something

gammel / ung

old / young

på / av

on / off

åpen / stengt

open / closed

lavt / høyt

quiet / loud

rik / fattig

rich / poor

riktig / feil

right / wrong

ru / glatt

rough / smooth

trist / glad

sad / happy

kort / lang

short / long

langsom / rask

slow / fast

vått / tørt

wet / dry

varm / lunken

warm / cool

krig / fred

war / peace

numbers

0

null
zero

1

en
one

2

to
two

3

tre
three

4

fire
four

5

fem
five

6

seks
six

7

sju
seven

8

åtte
eight

9

ni
nine

10

ti
ten

11

elleve
eleven

12

tolv
twelve

13

tretten
thirteen

14

fjorten
fourteen

15

femten
fifteen

16

seksten
sixteen

17

sytten
seventeen

18

atten
eighteen

19

nitten
nineteen

20

tjue
twenty

100

hundre
hundred

1.000

tusen
thousand

1.000.000

million
million

tall - numbers

språk
languages

engelsk

English

amerikansk engelsk

American English

mandarin

Chinese Mandarin

hindi

Hindi

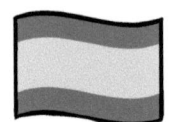

spansk

Spanish

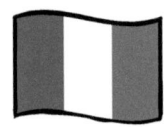

fransk

French

arabisk

Arabic

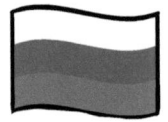

russisk

Russian

portugisisk

Portuguese

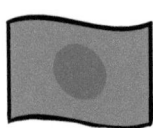

bengali

Bengali

tysk

German

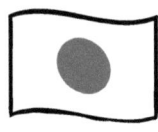

japansk

Japanese

jeg

I

du

you

han / hun / det

he / she / it

vi

we

dere

you

de

they

hvem?

who?

hva?

what?

hvordan?

how?

hvor?

where?

når?

when?

navn

name

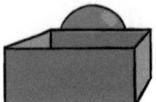

bakom

behind

i

in

foran

in front of

over

over

på

on

under

under

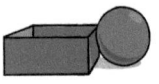

ved siden av

beside

mellom

between

sted

place